UN ÉPISODE

DE

L'HISTOIRE DE LA COLONISATION ALGÉRIENNE

Lettres au *Français*.

I.

A Monsieur le Rédacteur en chef.

La situation de l'Algérie est devenue un véritable thème de controverse ; toutes les appréciations se donnent carrière à son sujet. Chaque jour voit éclore de nouveaux projets et nous promet des réformes. En résumé, la question a-t-elle fait un pas ? Toutes ces discussions ont-elles eu quelque résultat pratique ?

Au milieu des raisonnements à perte de vue dont l'avenir de notre colonie est l'objet, vous avez trouvé, M. le rédacteur, interrogeant mes souvenirs, qu'il serait opportun de faire intervenir un exemple et de laisser, pour un moment, la parole aux faits. S'il se trouve que l'exemple que je suis à même de fournir n'est pas une chose rare ; s'il se trouve que le même récit pourrait être fait par beaucoup d'autres. vos lecteurs auront peut-être entrevu, un peu plus clairement qu'ils ne l'ont fait jusqu'aujourd'hui, la cause de la singulière impuissance que nous faisons éclater en Algérie et dont chacun gémit en l'expliquant à sa façon.

Personne n'a pu encore oublier que la crise américaine avait, en 1862, tourné vers l'Algérie tous les regards de l'industrie française. Les approvisionnements de coton faisaient défaut. L'Algérie pouvait devenir un nouveau centre de production. On savait que son sol était, sous ce rapport, merveilleusement partagé. L'exposition de Londres avait mis en lumière la qualité tout à fait supérieure de ses produits.

On constatait que, par un sigulier et heureux privilège, le sol algérien était seul à disputer à ces deux Etats du sud des Etats-Unis la production du coton dit *longue soie*, coton dont la production totale n'a jamais dépassé trente à quarante mille balles, qui a sur le marché une valeur triple de la valeur du coton ordinaire, et que l'on emploie pour les tissus fins dans lesquels notre pays excelle. Déjà les capitaux se portaient vers la colonie, des compagnies se formaient, de puissants industriels achetaient des terres; on étudiait de vastes projets d'irrigation. C'était pour l'Algérie une bonne fortune exceptionnelle. On pouvait croire qu'une ère nouvelle allait commencer pour elle; les colons espéraient. Tout donnait à penser que la colonie pourrait être mise en état de produire douze, quinze, peut-être vingt mille balles de coton longue soie, beaucoup plus que l'approvisionnement même de la France, c'est-à-dire quelque chose comme un revenu annuel d'une vingtaine de millions.

Je partageais ces espérances, et c'est sur ces entrefaites, au mois de novembre 1862, que je me décidai à me rendre en Algérie, très-préoccupé de la situation de nos industries et désireux d'éviter à tout prix la suspension du travail dont nous menaçait une disette de plus en plus complète de matières premières. Je tenais à me rendre compte moi-même des chances plus ou moins grandes que pouvait avoir l'Algérie pour devenir un nouveau centre de production du coton.

Les conclusions de mon enquête personnelle furent si favorables, si décisives au bout de quelque temps, que je n'hésitai pas à m'associer à un certain nombre de colons Oranais pour l'acquisition d'un lot considérable de terres domaniales (24,000 hectares) situées dans le bassin de l'Habra, terres que l'administration avait résolu de mettre en vente, en imposant à l'acquéreur l'exécution d'importants travaux d'assainissement et d'irrigations. Il est bon de faire remarquer que les propriétaires voisins en sollicitaient vainement, depuis des années, la vente. J'ai raconté ailleurs les longues vicisssitudes traversées par ce projet, l'isolement dans lequel je restai par suite de tous les embarras qui furent suscités à l'entreprise, puis l'impossibilité de me présenter à l'adjudication : le cahier des charges étant rédigé de telle façon qu'aucun homme sérieux ne pouvait consentir à en accepter les conditions.

Je m'efforçai longtemps d'obtenir de l'administration une solution pratique. Appelé à la section de l'Algérie, au Conseil d'Etat, je lui exposai mes vues sur les modifications nécessaires pour arriver à une prompte exécution. Le chier des charges devait être discuté en séance publique le 14 juillet, et, l'adjudication pouvant être fixée à la fin de septembre, toutes mes précautions étaient prises pour m'y présenter. Cependant le Conseil d'Etat trouva incomplets les projets soumis à son examen par le gouverneur général ; il fallut demander à Alger un supplément d'études.

Cette décision fut prise le 14 juillet 1863.

Décidé à poursuivre mon but avec ténacité, j'attendis. Ce fut seulement au mois de novembre que l'étude complète arriva au ministère de la guerre.

Comme il importait de regagner une partie du temps perdu par toutes ces lenteurs, j'avais tout préparé pour une étude prompte et sérieuse de l'ensemble du projet. Des ingénieurs compétents dans ces questions, et par leur longue expérience et par leurs études spéciales, m'avaient promis leur concours et je m'étais abouché avec des entrepreneurs. Je partis pour Paris afin de faire prendre copie des plans et des études. De cette façon, j'étais tout prêt le jour de l'adjudication, et je pouvais me mettre à l'œuvre dès qu'elle serait approuvée.

Contrairement à mon attente, je ne trouvai pas les plans de la concession et des travaux au ministère de la guerre. Le conseil supérieur des ponts chaussées avait reçu ces documents pour les soumettre à un nouvel examen. On devait me faciliter les moyens de les consulter chez le rapporteur, mais cette offre n'eut pas de suite.

L'épreuve durait depuis trop longtemps ; d'un autre côté, les circonstances se modifiaient, mon entreprise perdit son opportunité ; enfin, toute illusion m'abandonna, quand je pus constater que toutes les sympathies de l'administration étaient réservées à l'élément arabe. Je renonçai nettement à mes desseins.

L'adjudication de l'Habra, ajournée de délai en délai, eut lieu le 31 juillet 1864 !

La mise à prix était de 24,100 francs, outre les charges. La compagnie formée parmi les colons oranais à laquelle je m'étais associé d'abord, parut à l'enchére plutôt pour s'affirmer que pour lutter, puisque son seul concurrent resta adjudicataire moyennant 24,500 francs, c'est-à-dire moyennant une somme de 400 francs pour une opération de 3 à 4 millions.

Ce que j'avais prévu arriva. L'adjudicataire céda ses droits à des tiers, et les conditions du cahier des charges ne furent pas rigoureusement observées.

En effet, l'article 5 était ainsi conçu :

« L'adjudication étant faite en vue de l'assainissement et de la mise en valeur de la plaine de l'Habra et du développement de la culture du coton, l'adjudicataire sera tenu d'exécuter à ses frais, risques et périls, dans un délai qui n'excèdera pas le *1er octobre 1867* et sous le condrôle des ingénieurs des ponts et chaussées, les travaux ci-après indiqués. » Suivait la nomenclature des travaux.

Je reconnais et j'avais fait observer à l'administration que le délai était trop court. Quiconque connaissait le pays et les circonstances dans lesquelles se réalisait cette affaire savait que l'exécution intégrale n'était pas possible.

J'avais renoncé à être adjudicataire, exposé que j'étais à compromettre ce vaste travail ou à dépendre entièrement des dispositions plus ou moins bienveillantes de l'administration.

Quant aux travaux de l'Habra, dont l'achèvement avait pour terme extrême le 1er octobre 1867, ils ne sont pas encore faits aujourd'hui 29 décembre 1868 !

Comment expliquer qu'une entreprise aussi importante pour la province d'Oran et pour toute la colonie soit passée sous silence dans les discours de MM. les généraux commandant les provinces? comment M. le gouverneur général n'en dit-il absolument rien, alors qu'il nous promet des projets étudiés pour la fin de l'année?

Ce silence, on l'avouera, n'augure rien de favorable pour le prompt achèvement des travaux de l'Habra et de l'assainissement de la contrée.

Voilà donc où nous en sommes en 1869, sept ans après ce grand mouvement si favorable à l'Algérie où tout ce que l'on dit lui faire défaut s'offrait pour ainsi dire à elle : initiative des particuliers, capitaux, vastes entreprises destinées à mettre son sol en valeur, à lui fournir de puissants moyens d'irrigation, à en faire un centre exceptionnel d'approvisionnement pour l'une des industries qui contribuent le plus à la richesse de notre pays.

L'Algérie produit *aujourd'hui moins de coton qu'autrefois*, et pourtant elle a conservé son monopole pour la production de la variété la plus précieuse de ce textile. Partout la culture du coton longue soie a dégénéré; transportée dans l'Amérique du Sud, au Brésil, en Australie ou en Egypte, ce coton perd aussitôt le caractère soyeux et brillant qui le distingue. Il a infiniment souffert même dans l'Amérique du Nord. La récolte des Sea-Islands (c'est le nom de cette variété aux États-Unis) n'a repris que très-lentement, tout en ayant extrêmement décliné comme qualité. En Algérie, au contraire, mais malheureusement sur une échelle infime, la qualité s'est améliorée. Sous le rapport de la finesse et de la longueur des filaments, son coton peut rivaliser avec les plus beaux Sea-Islands d'Amérique. Il se vend aujourd'hui de 5 à 6 fr. 50 le kilogr. On l'emploie dans ma maison pour une préparation spéciale, de préférence aux cotons d'Amérique cotés au même prix, à cause de sa grande finesse, et la facilité avec laquelle se vendent nos produits manufacturés est la meilleure preuve de la bonne qualité de la matière première. J'ajouterai qu'il ne dépendrait que du colon algérien d'améliorer encore cette culture, en s'appliquant à faire un choix plus judicieux des graines et en opérant une sorte de sélection par l'alternance des semis dans des localités différentes.

Eh bien, encore une fois, en dépit de tant de circonstances favorables, que voyons-nous aujourd'hui ? Des capitalistes découragés, détournés de la colonie, une occasion inestimable perdue, des groupes de colons algériens émigrant pour le Brésil ; les Arabes mourant de faim, et l'administration *promettant*, à la veille de 1869, de faire étudier des travaux dont la réalisation est annoncée et sollicitée depuis des années ; enfin, au point de vue spécial de nos industries, la culture du coton réduite, presque insignifiante, et les colons attendant encore les légitimes compensations qui leur avaient été promises en 1866, lorsque les primes accordées par le gouvernement pour encourager la production des cotons, ont été brusquement supprimées, au moment même où finissait la crise américaine. Je n'ai jamais été partisan de ces primes. C'était un système factice. Mais enfin elles existaient ; elles devaient, aux termes du décret du 17 août 1860, qui les instituait, durer dix ans; elles étaient entrées dans les calculs des colons. Etait-il juste de les supprimer ainsi inopinément ? Le conseil général du Haut-Rhin s'associant à celui d'Oran ne le pensait point, à en croire les vœux qu'il émettait dans sa session de 1865. L'administration algérienne y répondait alors en annoncant qu'*avant la fin de cette même année* les études de barrages confiées à l'industrie privée et subventionnées par l'Etat, seraient terminées. Que sont devenues ces promesses ? On se borne à les renouveler aujourd'hui. Quoi qu'il en soit, on peut juger par le seul exemple que je viens de citer, de ce qu'il eût été possible de faire à un moment donné, en Algérie ; il est facile aussi de constater ce que l'on a fait. Permettez-moi, M. le rédacteur, de démontrer, dans une prochaine lettre, que si l'administration algérienne a laissé les choses en venir là, ce n'est pas faute de s'être rendu compte de la situation, ni faute d'avoir été avertie.

II.

Monsieur le Directeur,

J'ai dit que l'administration algérienne ne se méprenait pas sur la véritable situation de la colonie et que l'on ne pouvait pas chercher à la justifier en lui prêtant des illusions qu'elle n'a pas.

Nous rencontrons, en effet, dans le discours prononcé par le gouverneur général à l'ouverture de la session du conseil supérieur de l'Algérie, cet aveu formel : « Je « reconnais que depuis quelques années la colonisation « de l'Algérie semble comme arrêtée. »

D'un autre côté, M. le gouverneur général prouve qu'il ne méconnait pas les moyens pratiques que réclamerait le développement de la colonisation. Il déclare que sa préoccupation constante a été de créer des moyens d'irrigation, d'établir des barrages-réservoirs, mais que l'Etat, dans l'impossibilité de pourvoir à de telles dépenses, se trouve contraint de s'adresser à l'industrie privée. D'après M. le gouverneur général, les vœux des colons se résumeraient avant tout dans ces deux choses : des terres et de l'eau.

L'administration algérienne est donc bien renseignée, elle ne s'aveugle pas. Elle sait que la colonisation languit, elle sait aussi ce que veulent les colons, ce dont ils ont besoin pour prospérer.

J'ai hâte d'ajouter qu'elle a été avertie de la façon la plus formelle des conséquences déplorables du système qu'elle a fait prévaloir jusqu'ici. Pour ma part, je n'hésitais pas à dire dès 1864, dans une brochure sur l'*Algérie et la crise cotonnière* : « Une seule chose est certaine, c'est qu'on ne fait pour l'Algérie que de vagues promesses... Ou le gouvernement s'intéressera sérieusement au progrès de la colonisation, et, dans ce cas, il lui donnera les libertés indispensables qu'elle sollicite, les terres qui lui font défaut, en même temps qu'il supprimera tout ce qui entrave le jeu des forces individuelles, ou bien, comme les tendances persistantes de l'administration autorisent à le craindre, il continuera à ne voir d'avenir que dans l'élément arabe, et, dans ce cas, la situation actuelle se maintiendrait, les colons n'auraient plus qu'à liquider, et les sacrifices de la France n'auraient eu pour résultat que de perpétuer sur une terre arrosée du sang de nos soldats un régime de confusion et de barbarie dix fois séculaires. »

Je formulais en ces termes ma conviction en 1864. En 1868, le maréchal de Mac-Mahon, le 17 octobre, et le général Deligny, le 5, constatent que « la colonisation semble comme arrêtée, » et que la désorganisation la plus complète règne dans les tribus arabes.

Dans une lettre à l'Empereur, datée du 6 janvier 1863, je signalais le manque d'eau comme un obstacle absolu à l'extension de différentes cultures, et, entre autres propositions, j'exposai à Sa Majesté le projet de colonisation de la plaine de l'Habra, dont la réalisation pouvait être immédiate, si la concession était faite à la compagnie Oranaise, c'est-à-dire à deux cents colons de la province d'Oran qui n'attendaient que la livraison des terres pour mettre la main à l'œuvre.

Un système de réservoirs dont je proposais l'établissement et dont les plans pouvaient être terminés dans le courant de l'année eût permis de donner, dès la campagne de 1864, un grand développement à la culture du coton, compromise en Amérique par la guerre civile.

J'étais alors plein d'espérance. L'Empereur envoya mes projets à l'administration générale de l'Algérie pour faire des études en en recommandant l'URGENCE. Cette recommandation émanant du souverain lui-même m'autorisait à croire à une prompte solution.

Mes illusions durèrent un an, et tous les ennuis que j'éprouvai me forcèrent d'avouer au chef de l'Etat, le 18 février 1864, que « les lenteurs de l'administration arrêtent la plupart des entreprises, tandis que ses entraves ont fait échouer les autres. » Et plus loin : « Si l'Algérie doit sortir de sa léthargie, l'œuvre de la colonisation, de son rôle passif, si ces terres arrosées avec le sang de nos soldats doivent devenir fécondes, tout cela ne s'accomplira que par une modification de l'administration actuelle de la colonie. La centralisation à Alger, a, malgré ses avantages, trouvé, non sans raison, bien des contradicteurs ; mais la centralisation à Alger avec la superfétation de celle de Paris, c'est l'ajournement indéfini des affaires, l'écueil contre lequel vient échouer la colonisation. L'administration civile a rendu de grands services à l'Algérie ; ne pourrait-on pas dès maintenant lui donner plus d'étendue ? »

Mes lettres ne reçurent point de réponse, et le maréchal Randon, ministre de la guerre, dans une entrevue, me traita de spéculateur alsacien. Quelques mois après, l'administration civile fut complètement subordonnée à l'administration militaire.

Vous le voyez, M. le directeur, les avertissements n'ont pas manqué au gouvernement de l'Algérie.

Pourquoi donc en est-on encore aux promesses des discours officiels ? Pourquoi rencontrons-nous toujours la même mauvaise volonté à accomplir les volontés de l'Empereur ?

Pourquoi les barrages-réservoirs ne sont-ils pas faits ? pourquoi les terres ne sont-elles pas mises à la disposition de la colonisation ?

Le sénatus-consulte sur la constitution de la propriété arabe provoqué par l'Empereur ne porte-t-il pas la date de 1863 ? Et la même année, les études de ces barrages et de ces systèmes d'irrigation dont on nous parle pour 1868 n'étaient-elles donc point faites ?

Un général commandant une province de l'Algérie se plaint que l'initiative individuelle n'ait rien produit, qu'elle fasse défaut à la colonie. Comment s'expliquer qu'un pareil reproche soit mis au jour ? L'initiative individuelle !!! Mais elle est merveilleuse en Algérie ; mais elle s'offrait à vous, mais elle était prête à réaliser tous les projets qui dorment dans vos cartons depuis des années ; mais elle vous apportait tout ce qui manque, tout ce qui était nécessaire pour développer en peu de temps la colonisation et lui ouvrir de nouveaux horizons. Qu'en avez-vous fait ? On a le droit de vous le demander. Vous l'avez repoussée. Oui, les faits le prouvent, le gouvernement militaire ne songe pas plus aujourd'hui à favoriser sérieusement la colonisation de l'Algérie qu'il ne le voulait en 1863. Je puis répéter à ce sujet ce que je disais à cette époque, c'est que tous les progrès de la population européenne devant amener des tendances contraires à l'*obéissance passive* qui est le fond du régime militaire, celui-ci prévient ces tendances et sacrifie le progrès.

Dans tous les pays gouvernés par l'opinion publique on choisit pour exécuter son programme ses partisans et non ses adversaires. Si le régime qui a dominé jusqu'ici a échoué en Algérie, comment réussirait-il avec les mêmes éléments, aujourd'hui que la situation est si fatalement aggravée?

Lorsqu'un gouvernement ne voit que des passions hostiles dans la franchise et le dévouement des hommes qui par amour pour le pays cherchent à l'éclairer, il est amené nécessairement à aller aux extrêmes et à s'entêter dans ses errements.

Certes on ne m'accusera pas d'être un homme de parti. Rien n'est plus loin de ma pensée que de me livrer à des récriminations stériles et de chercher à exciter l'opinion contre le gouvernement de mon pays. Mais je crois que c'est le devoir des gens de bien de ne négliger aucune occasion pour mettre en lumière les fautes commises et signaler les remèdes qu'elles comportent. Qu'ils réunissent leurs efforts pour réveiller l'opinion publique trop indifférente jusqu'ici aux questions algériennes dont on ne semble pas comprendre l'importance, ils hâteraient ainsi le triomphe de la justice et de la raison qui ne peut manquer de récompenser la lutte énergique et persévérante des colons algériens.

ANTOINE HERZOG,
membre du conseil général du Haut-Rhin,
au Logelbach, près Colmar.

Colmar, imprimerie et lithographie de C. Decker.

www.ingramcontent.com/pod-product-compliance
Lightning Source LLC
La Vergne TN
LVHW010345230826
846091LV00009B/4036
* 9 7 8 2 0 1 9 9 1 3 9 4 6 *